国家电网有限公司

# 落实全球发展倡议贡献报告

国家电网有限公司 编

中国电力出版社
CHINA ELECTRIC POWER PRESS

±800 千伏青海—河南特高压直流工程

# 序言

联合国《2023年可持续发展目标报告：特别版》指出，气候变化、全球经济前景黯淡等影响叠加，严重阻碍了实现可持续发展目标的进程。有半数目标中度或严重偏离预期，超过30%的具体目标与2015年的基准相比毫无进展，甚至出现倒退。如果全球不能加倍努力实现可持续发展目标，可能会加剧政治动荡，颠覆经济，并对自然环境造成不可逆转的破坏。

未来要建设一个什么样的世界？如何建设这个世界？全球需要什么样的理念共识？时代之问回响，中国回答铿锵。

2021年9月21日，中国国家主席习近平在联合国首次提出全球发展倡议，呼吁国际社会加快落实2030年可持续发展议程，推动实现更加强劲、绿色、健康的全球发展，构建全球发展共同体。倡议主张坚持发展优先、坚持以人民为中心、坚持普惠包容、坚持创新驱动、坚持人与自然和谐共生、坚持行动导向，为解决当今世界难题和匡正全球发展新征程提供了一份立足时代特征和中国发展实际、饱含中国智慧、浓缩中国经验的新时代发展方案。

能源是当今全世界共同关心的问题，几乎是每一个主要挑战和机遇的核心。能源的可靠、可持续发展对实现其他可持续发展目标尤为重要。作为全球能源革命引领者、能源电力的“国家队”，国家电网有限公司积极响应全球发展倡议，充分发挥电网基础性、先导性作用，保证电力供应、保障能源安全、加速绿色转型、坚持科技自立自强、开展国际合作，为经济社会发展和民生改善提供有力保障和坚强电力支撑，在加快建设“具有中国特色国际领先的能源互联网企业”进程中促进全球可持续发展。

践行好全球发展倡议，责任十分重大，使命极为光荣。国家电网公司一直致力于推动可持续发展，《国家电网有限公司落实全球发展倡议贡献报告》是国家电网公司深入贯彻习近平总书记“四个革命、一个合作”能源安全新战略，立足电网平台，落实全球发展倡议、助力经济发展和改善民生福祉的行动报告和实践成果。以期凝聚可持续发展共识，向全球分享国家电网公司在构建全球发展命运共同体中“大国顶梁柱”的使命担当和经验智慧。

# 目录



“青豫直流”跨越山川草原输送“绿电”

# 全球发展倡议

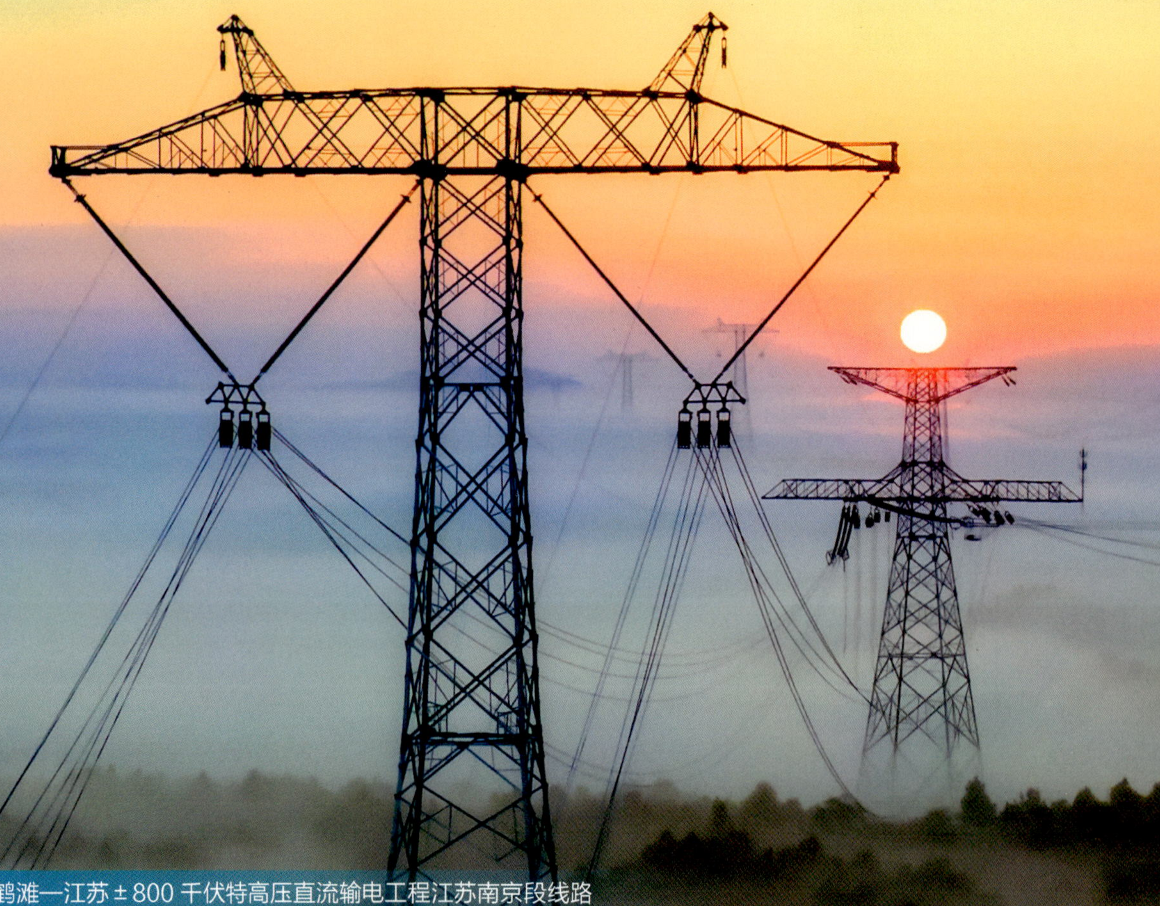

白鹤滩—江苏±800千伏特高压直流输电工程江苏南京段线路

2021 年 9 月，中国国家主席习近平在第 76 届联合国大会上郑重提出全球发展倡议（Global Development Initiative, GDI），呼吁国际社会将发展置于全球宏观政策框架的突出位置，加快落实联合国 2030 年可持续发展议程，共同推动全球发展迈向平衡协调包容新阶段。全球发展倡议为回答时代课题、建设疫后更美好世界、构建人类命运共同体提出了中国方案。

## 全球发展倡议主要内容

1 坚持发展优先

2 坚持以人民为中心

3 坚持普惠包容

4 坚持创新驱动

5 坚持人与自然和谐共生

6 坚持行动导向

# 应对全球挑战的中国方案

## 全球发展倡议内涵

### 坚持发展优先

将发展置于全球宏观政策框架的突出位置，加强主要经济体政策协调，保持连续性、稳定性、可持续性，构建更加平等均衡的全球发展伙伴关系，推动多边发展合作进程协同增效，加快落实联合国 2030 年可持续发展议程。

### 坚持以人民为中心

在发展中保障和改善民生，保护和促进人权，做到发展为了人民、发展依靠人民、发展成果由人民共享，不断增强民众的幸福感、获得感、安全感，实现人的全面发展。

### 坚持普惠包容

关注发展中国家特殊需求，通过缓债、发展援助等方式支持发展中国家尤其是困难特别大的脆弱国家，着力解决国家间和各国内部发展不平衡、不充分问题。

### 坚持创新驱动

抓住新一轮科技革命和产业变革的历史性机遇，加速科技成果向现实生产力转化，打造开放、公平、公正、非歧视的科技发展环境，挖掘疫后经济增长新动能，携手实现跨越发展。

### 坚持人与自然和谐共生

完善全球环境治理，积极应对气候变化，构建人与自然生命共同体。加快绿色低碳转型，实现绿色复苏发展。中国将力争 2030 年前实现碳达峰、2060 年前实现碳中和，这需要付出艰苦努力，但我们会全力以赴。中国将大力支持发展中国家能源绿色低碳发展，不再新建境外煤电项目。

### 坚持行动导向

加大发展资源投入，重点推进减贫、粮食安全、抗疫和疫苗、发展筹资、气候变化和绿色发展、工业化、数字经济、互联互通等领域合作，加快落实联合国 2030 年可持续发展议程，构建全球发展命运共同体。中国已宣布未来 3 年内再提供 30 亿美元国际援助，用于支持发展中国家抗疫和恢复经济社会发展。

- 全球发展倡议同联合国 2030 年可持续发展议程高度契合。
- 全球发展倡议为联合国 2030 年可持续发展目标汇聚资源。
- 全球发展倡议为加快落实联合国 2030 年可持续发展目标提供可行路径。
- 全球发展倡议助力 17 项可持续发展目标实现。

## 与联合国 2030 年可持续发展目标的关联

＞＞＞

## 与“一带一路”倡议的关联

| | |
|---|---|
| “一带一路”倡议 3 大共同体 | 责任共同体、利益共同体、命运共同体 |
| “一带一路”倡议 4 大理念 | 和平合作、开放包容、互学互鉴、互利共赢 |
| “一带一路”倡议 5 大关键词 | 和平、繁荣、开放、创新、文明 |

- 全球发展倡议和“一带一路”倡议作为中国为全球提供的双方案，把促进共同发展置于突出位置，形成了新发力点和新结合点。
- 全球发展倡议与“一带一路”倡议的发展维度内容高度契合、进程相互对接、平台相互促进，为新时代发展合作提供了战略引领和根本遵循。

# 落实进程加速

**提出全球发展倡议**

中国国家主席习近平在第 76 届联合国大会一般性辩论上郑重提出全球发展倡议，呼吁国际社会重视发展问题，加快落实联合国 2030 年可持续发展议程。

**2021 年 9 月 21 日**

**2022 年 1 月 20 日**

**成立全球发展倡议之友小组**

中国常驻联合国代表团在纽约举行全球发展“倡议之友小组”启动会议，来自 100 多个国家的代表，包括 80 多国的大使参会，标志着小组正式成立。

**明确八大重点合作领域**

“全球发展倡议之友小组”高级别视频会议在纽约联合国总部举行。与会各方一致支持倡议八大领域总体合作方向，强调倡议作为 2030 年议程加速器，将在充分协商基础上根据发展形势变化适时调整合作内容。

**2022 年 5 月 9 日**

**2022 年 6 月 24 日**

**提出 32 项务实举措**

中国国家主席习近平主持全球发展高层对话会并发表重要讲话，宣布中方同各方一道落实倡议的 32 项务实举措。

**设立全球发展倡议项目库**

“全球发展倡议之友小组”部长级会议在纽约举行，会议宣布设立全球发展倡议项目库，并公布首批项目清单。

**2022 年 9 月 20 日**

江西湖口县付垅风电场航拍

**二十大重申全球发展倡议**

习近平在中国共产党第二十次全国代表大会上作报告，重申“两个全球倡议”（全球发展倡议、全球安全倡议）。

**2022 年 10 月 16 日**

**2022 年 11 月 12 日**

**成立国家国际发展合作署全球发展促进中心**

该中心将为落实全球发展倡议打造统筹资源、协调行动、汇集众智、宣介理念的平台。

**成立全球发展促进中心网络**

全球发展促进中心网络成立大会暨首次司局级对话会成功举行。96 家外方代表以网络正式成员或观察员身份出席。

**2023 年 1 月 11 日**

**2023 年 6 月 20 日**

**发布《全球发展倡议落实进展报告》**

报告全面梳理了近两年来中方与各方合作伙伴一道，推动全球发展倡议落实落地、促进实现 2030 年可持续发展目标的举措和进展。

**举办全球共享发展行动论坛**

全球共享发展行动论坛首届高级别会议在北京举行。会议以“中国的倡议，全球的行动”为主题，以推动“凝聚发展共识，解决发展问题”为重点。

**2023 年 7 月 9 日至 10 日**

# 国家电网有限公司与全球发展倡议

浙江天荒坪抽水蓄能电站上水库

国家电网有限公司成立于 2002 年 12 月 29 日，是根据《公司法》设立的中央直接管理的国有独资公司，注册资本 8295 亿元，以投资建设运营电网为核心业务，是关系国家能源安全和国民经济命脉的特大型国有重点骨干企业。

公司经营区域覆盖中国 26 个省（自治区、直辖市），供电范围占国土面积的 88%，供电人口超过 11 亿。近 20 多年来，国家电网公司持续保持全球特大型电网最长安全纪录，建成 30 项特高压输电工程，成为世界上输电能力最强、新能源并网规模最大的电网，公司专利拥有量持续排名央企第一。公司位列 2023 年《财富》世界 500 强第 3 位，连续 19 年获国务院国资委业绩考核 A 级，连续 10 年获标准普尔、穆迪、惠誉三大国际评级机构国家主权级信用评级（标普 A+、穆迪 A1、惠誉 A+），连续 8 年获中国 500 最具价值品牌第一名，连续 6 年位居全球公用事业品牌 50 强榜首，是全球最大的公用事业企业，也是具有行业引领力和国际影响力的创新型企业。

能源是全球经济社会发展的重要物质基础和动力源泉。能源的可靠、可持续发展对实现可持续发展目标意义重大。其中，电网是能源转换利用、优化配置和供需对接的重要平台，是能源转型的中心环节，也是能源可持续发展的关键。国家电网有限公司作为全球能源革命引领者，致力于贡献全球经济、社会、环境的和谐发展，为全球可持续事业贡献中国智慧。响应全球发展倡议，将来自中国的可持续发展方案共享给全世界，不仅是公司作为国际领先的能源互联网企业的能力所在和战略所指，更是中央企业“大国重器”的责任所系和主动担当。

## 行业属性与全球发展倡议

能源是经济社会发展的基础和动力源泉，能源安全是关系国家经济社会发展的全局性、战略性问题，对国家繁荣发展、人民生活改善和社会长治久安至关重要。

在“四个革命、一个合作”能源安全新战略下，中国遵循互利共赢原则，聚焦实施更大范围、更宽领域、更深层次能源开放合作，推动形成互利共赢的国际合作格局。

作为世界上输电能力最强、新能源并网规模最大的电网企业及特大型国有企业，国家电网公司坚决贯彻落实习近平总书记“四个革命、一个合作”能源安全新战略，发挥行业优势，开展国际合作，为推动实现全球范围内能源优化供给与能源绿色低碳转型贡献力量。

## 公司战略与全球发展倡议

国家电网公司坚持胸怀天下，立足全球视野，以服务世界可持续发展的眼光，制定“具有中国特色国际领先的能源互联网企业”的战略目标，指引公司前进方向。国际化、全球化的内涵，与全球发展倡议致力于凝聚全球发展共识，增添全球发展动力，推动构建全球发展命运共同体一致。

高质量可持续发展“55686”总体要求所蕴含的人民至上、绿色发展、科技自立自强等理念和行动，与 GDI 的基本原则高度呼应。其中，“五个不动摇”中“坚持科技自立自强这个战略支撑不动摇”，“五个统筹好”中“统筹好发展和安全‘两件大事’”，“六个更加注重”中“更加注重产业协同”，“八个始终坚持”中“始终坚持人民至上”和“六个坚定不移”中“坚定不移推动绿色发展能源革命”与 GDI 坚持创新驱动、坚持发展优先、坚持普惠包容、坚持以人民为中心、坚持人与自然和谐共生等原则高度呼应，体现了对落实全球发展倡议的高度认同和战略保证。

## 统筹“三大责任”与全球发展倡议

“三大责任”是国家电网公司运用系统观念和系统方法，全面统筹、协调推进责任履行，促进可持续发展的全方面、多维度解决方案。全球发展倡议是新时代中国向国际社会提供的重要公共产品，为破解全球发展难题提供了系统性、整体性方案，二者在世界观和方法论上高度呼应。

“三大责任”涵盖的责任内容广泛覆盖全球发展倡议涉及的减贫、粮食安全、抗疫和疫苗、发展筹资、气候变化和绿色发展、工业化、数字经济、互联互通等重点领域。其中，“助力乡村振兴”“促进共同富裕”是国家电网在“减贫”领域的责任实践；“保证电力供应”“保障能源安全”是国家电网在“工业化”领域的责任实践。

## “四个革命、一个合作”

**推动能源消费革命**
抑制不合理能源消费

**推动能源供给革命**
建立多元供应体系

**推动能源技术革命**
带动产业升级

**推动能源体制革命**
打通能源发展快车道

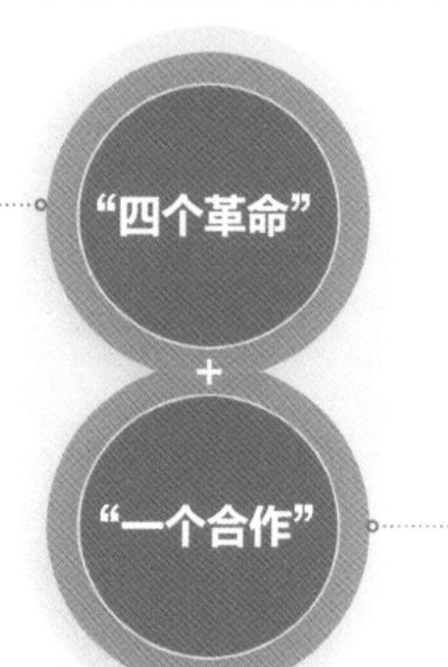


**全方位加强国际合作**
实现开放条件下能源安全

## 国家电网发展战略

**具有中国特色**
**国际领先的能源互联网企业**

「一体四翼」高质量发展

**中心任务**

高举伟大旗帜，全面贯彻习近平新时代中国特色社会主义思想，守正创新、团结奋斗，以“一体四翼”高质量发展全面推进具有中国特色国际领先的能源互联网企业建设，为中国式现代化赋动能作贡献。

「三步走」战略安排

高质量可持续发展的“55686”总体要求

做好电力保供的“3334”关键之要

## 统筹政治、经济、社会“三大责任”为中国式现代化赋动能作贡献

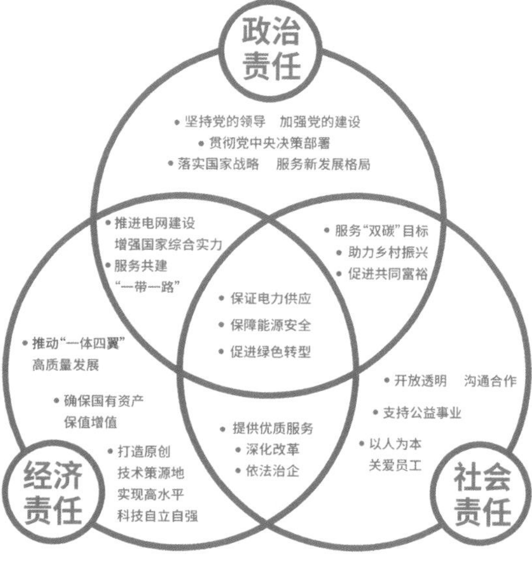

# 国家电网有限公司<br>落实全球发展倡议<br>重点举措和创新实践

山东潍坊特高压变电站

**坚持发展优先**

- 规划为先，构建新型电力系统
- 建设为基，优化电网发展布局
- 稳定为要，服务经济社会发展

**坚持以人民为中心**

- 解民忧纾民困，优化供电服务
- 惠民生暖民心，倾情回馈社会

**坚持普惠包容**

- 电力先行，助力国内均衡发展
- 成果共享，推动国际发展协同

**坚持创新驱动**

- 发挥带动力，强化核心技术攻关
- 提升整合力，激发创新创造活力

**坚持人与自然和谐共生**

- 服务能源转型
- 助力节能降碳
- 提升生态系统多样性、稳定性、持续性
- 应对气候变化

**坚持行动导向**

- 以电赋能，加强基础设施“硬联通”
- 以行聚力，推动规则标准“软联通”
- 以诚相知，促进文明互鉴“心联通”

# 坚持发展优先

发展是人类社会的永恒主题。作为特大型国有重点骨干企业，国家电网公司完整准确全面贯彻新发展理念，主动服务和融入新发展格局，助力构建新型电力系统，以电网高质量发展服务经济社会高质量发展，积极回应国际社会的共同诉求，加快落实联合国2030年可持续发展议程，以高质量的发展成果惠及世界各国人民。

在白鹤滩—浙江±800千伏特高压线路工程（浙江段）施工现场，浙江省送变电工程有限公司员工在高空开展作业

# 规划为先 构建新型电力系统

坚持发展优先

新型电力系统是新型能源体系的重要组成和实现“双碳”目标的关键载体。国家电网公司努力争当能源清洁低碳转型的推动者、先行者、引领者，坚持发挥好电网“桥梁”和“纽带”作用，加快推动构建清洁低碳、安全充裕、经济高效、供需协同、灵活智能的新型电力系统。

新型电力系统

- 电源结构由可控连续出力的煤电装机占主导，向强不确定性、弱可控出力的新能源发电装机占主导转变。
- 电网形态由单向逐级输电为主的传统电网，向包括交直流混联大电网、微电网、局部直流电网和可调节负荷的能源互联网转变。
- 负荷特性由传统的刚性、纯消费型，向柔性、生产与消费兼具型转变。
- 技术基础由同步发电机为主导的机械电磁系统，向由电力电子设备和同步发电机共同主导的混合系统转变。
- 运行特性由源随荷动的实时平衡模式、大电网一体化控制模式，向“源网荷储”协同互动的非完全实时平衡模式、大电网与微电网协同控制模式转变。

## 成立新型电力系统技术创新联盟

2022 年 4 月 22 日，国家电网公司发起倡议，联合 31 家（截至 2023 年 7 月 11 日已扩充为 61 家）能源电力行业企业、高校、社会团体等共同成立新型电力系统技术创新联盟，集聚优势科研力量，统筹联动推进新型电力系统建设。创新联盟成员单位组建多种形式的创新联合体，搭建能源领域学术交流平台，有效支撑新型电力系统关键核心技术研发、设备研制、工程示范等工作。

## 发布《新型电力系统数字技术支撑体系白皮书》

2022 年 7 月 23 日，在第五届数字中国建设峰会上发布《新型电力系统数字技术支撑体系白皮书》，从背景意义、目标原则和体系框架全面阐述了新型电力系统技术支撑体系，展示了公司以数字技术支撑新型电力系统建设的路径方案。

案例

### 打造试点示范，成立全国首个“源网荷储一体化示范区”

嘉兴市海宁尖山新区是中国分布式光伏发展最早也是密度最高的区域之一。国网浙江省电力有限公司海宁市供电公司于 2020 年在尖山新区试点“多元融合高弹性电网首域示范项目”，从理论体系、技术手段、商业模式等多方面对新型电力系统进行深入研究和应用。2021 年，海宁作为全国首个响应“源网荷储一体化”示范区建设的县级市，在尖山新区建设成立全国首个“源网荷储一体化示范区”及绿色低碳工业园示范区，并通过数字化技术，实现线损率下降约 1 个百分点。截至 2022 年底，示范区光伏容量达到 291.8 兆瓦，实现年发电量 2.98 亿千瓦时。相关光伏发电项目所发的电能实现全部就地消纳，在全国同类工业园区中遥遥领先。

案例

### 打造绿色电网　助推低碳转型

国网福建省电力有限公司平潭供电公司推进平潭海峡公铁两用大桥照明工程分散式风电项目建成并网，该项目是国内首个分散式海上风电项目，也是采用“自发自用、余量上网”模式，实现清洁能源就地利用的“全绿电”代表性工程；为保障绿电全额消纳，国网福建省电力有限公司平潭供电公司建成投运并形成贯通平潭南北的 220 千伏双电源链式电网结构；通过政企多方联动，促成福建省首个大型集中式共享储能电站在平潭开工。

发起成立跨学科、跨领域的新型电力系统技术创新联盟

# 建设为基 优化电网发展布局

公司聚焦主责主业，夯实电网业务“基本盘”，做强做优电网业务，加快推进电网向能源互联网转型升级。持续完善骨干网架，优化各级电网结构，建强城乡配电网，推动常规电源和系统调节能力建设，全面提升电网资源优化配置能力。

国网河北省电力有限公司雄安新区供电公司剧村站“双碳”监测平台

## 特高压创新升级

充分发挥特高压输电容量大、输电距离远、能耗低、占地少、经济性明显等特点，建设跨省跨区重要的联络通道，将经济、可靠、清洁、优质的电力源源不断地送往东中部地区，实现了资源大范围、远距离优化配置，为确保电力安全可靠供应、推动能源结构优化、促进区域协调发展提供了重要支撑。

**截至 2023 年上半年**

累计建成“17 交 16 直”

**33** 项特高压工程

线路长度达到

**4.9** 万千米

## 各级电网协调发展

因地制宜加强城乡电网建设，助力新型城镇化和乡村振兴，在发展中国家率先实现人人有电用，为经济社会发展和民生改善提供有力保障。

**2022 年**

投产 110（66）千伏及以上线路 **4.83** 万千米

变电（换流）容量 **3.08** 亿千伏安（千瓦）

**案例**

### 白鹤振翅跃千里，绿电暖心亮万家

2022 年，国网江苏省电力有限公司高质量建成投产白鹤滩—江苏 ±800 千伏特高压直流工程。该工程是中国实施“西电东送”战略的重点工程，起于四川省凉山州布拖县，止于苏州常熟市，新建白鹤滩、虞城两座换流站，线路全长2080 千米，途经四川、重庆、湖北、安徽、江苏5 个省（市），总投资307 亿元。工程输电能力达到800 万千瓦，每年输送电力超过300 亿千瓦时，可减少发电用煤1400 万吨，减少二氧化碳排放2500 万吨，在更好满足江苏经济社会发展用电需要的同时，有效缓解华东地区中长期电力供需矛盾，带动上下游产业链发展，优化东西部资源配置，为实现“双碳”目标提供坚强保障。

**案例**

### 剧村“1+5+X”城市智慧能源融合站，建设标准达到世界一流水平

作为雄安新区打造世界一流城市电网的首座 220 千伏变电站，剧村站建设采用模块化装配和全钢结构设计以及先进可靠电力装备，建设标准达到世界一流水平，为容东片区 12.7 平方千米、6.88 万户民众提供高可靠性供电保障。站内搭建河北省首个“双碳”监测平台，实现河北 11 个地市和雄安新区碳排放、碳减排、碳汇实时监测分析，为全省能源转型、绿色发展提供精准量化数据支撑。全站融合边缘计算、智能充放电、综合能源供应、绿能健身、应急避难等功能，实现北斗、5G、数字货币、低压直流、S2G 充电等多种新业态融合发展；变电站外观与城市景观融为一体，为市民提供共享服务空间，被称为“花园里的变电站”，树立了雄安新区绿色智慧新城建设的样板。

# 稳定为要<br>服务经济社会发展

公司坚决扛牢电力保供首要责任，坚持“3334”关键之要，推动增发稳供，发挥大电网作用，强化负荷管理，全力做好重大活动、重要任务保电，牢牢守住大电网安全生命线和民生用电底线。数字化赋能发展，提升产业链供应链现代化水平，为经济社会高质量发展提供坚强可靠电力保障。

## 保障电力可靠供应

推动增发稳供，加强一次能源监测，做好各类电源接网服务，确保各机组应发尽发、稳发满发。发挥大电网作用，持续强化大电网互联互通、互供互济。强化负荷管理，统筹各类可调节资源参与削峰填谷，确保民生用电安全可靠。全力做好重大活动、重要任务保电，持续优化供电服务。

国网四川电力送变电建设有限公司员工在 500 千伏线路走线验收

坚持电力保供“3334”关键之要

**树牢“三防线”思维，夯实保供基础**

守住大电网安全生命线、民生用电底线，不碰拉闸限电红线。

**坚持“三平衡”原则，提升保障能力**

坚持“就地平衡、就近平衡为要，跨区平衡互济”。

**落实“三用电”要求，强化负荷管理**

坚持“需求响应优先、有序用电保底、节约用电助力”。

**突出“四主体”定位，压实各方责任**

坚持“各级政府是主管家、电力企业是主力军、电网企业是排头兵、电力用户是主人翁”工作定位。

## 促进上下游产业链协同发展

充分发挥引领带动作用，将电网资源禀赋和要素优势拓展辐射到全产业链，帮助上下游企业发展，带动相关方技术升级，提高产业链供应链稳定性和现代化水平，助力畅通产业循环、市场循环、经济社会循环。

## 数字化赋能社会经济发展

充分发挥数字化技术优势，围绕技术、业务、组织、质量、保障五方面深入开展数据研究和应用实践，为各类客户提供更加便利化、多元化、互动化的服务。深挖营销数据价值，深化能效账单等服务产品，助力客户节能提效。

**2022 年**

向 **439** 万个高压客户推送能效账单

**案例**

### 国网北京市电力公司圆满完成冬奥会供电保障任务

面对冬奥盛会交织疫情的大战大考，国网北京市电力公司以“五个最、四个零”的最高标准，圆满完成冬奥会供电保障任务。创新开发应用“智慧大脑”——冬奥电力运行保障指挥平台，实现全景式监控电力设备。氢能源发电车、电缆隧道巡检机器狗等新技术、新装备，为保电加装多道“保险栓”。组织开展 325 场应急演练，按照“一点一策”原则开展疫情防控，梳理 6900 项疫情风险源，全口径制定应对措施，将疫情影响降至最低。12 项冬奥工程建设、数字化保电模式、441 场赛事保障，为世界级盛会可持续举办提供了丰富经验。《北京冬奥场馆电力建设指导意见》成功纳入冬奥遗产计划。

“没有任何一个国家可以像中国一样做到如此坚强的电力保障。”

——2026 年冬奥会主办国意大利电力专家 Vincenzo

江苏宿迁泗洪县双沟镇“光伏 +”新能源领跑激励基地

**案例**

### 数字化新型低压配电网守护城市繁华

低压配电网是服务电力客户的“最后一公里”，提升城市供电可靠性的关键。国网新疆电力有限公司乌鲁木齐供电公司建成全国首个将故障自愈技术应用在低压领域的新型低压配电网，在设备发生故障时瞬间启动自动故障定位、故障隔离、恢复供电的自愈功能，为用户提供可使用的其他供电线路，平均故障停电时长由数小时降至秒级，示范片区供电可靠性由年户均停电时间 3.48 小时降至 0.6 小时，大幅提升居民的用电安全感。同时，数字化新型低压配电网通过物联网数据通信，实现对配电台区、低压分支线到负荷末端的全域感知，有效解决充电桩等新型分散式用能可靠供电能力不足的问题，促进新能源就地消纳最大化，让客户享受“清洁、高效、稳定”的能源。

# 坚持以人民为中心

“人民电业为人民”是全球发展倡议“以人民为中心”理念在国家电网公司的集中体现，是国家电网公司的企业宗旨。电力是最重要的能源之一，是经济社会发展的重要条件。作为关系国计民生的国有重点骨干企业，国家电网公司坚持以人民为中心的发展思想，积极做好电力先行官，用心用情服务人民日益增长的美好生活需要。

国网福建省电力有限公司顺昌县供电公司洋口镇供电所“双满意”共产党员服务队深入竹木制品企业，了解客户用电需求，为企业用电设备“义诊”

# 解民忧纾民困 优化供电服务

坚持以人民为中心

公司围绕增进民生福祉，努力提升服务质效。秉持“你用电 · 我用心”的服务理念，紧紧抓住人民最关心、最直接、最现实的利益问题，积极改善电力营商环境，持续优化供电服务品质，不断提升客户获得感和满意度，公司移动作业、线上办电等服务举措成为世界银行最佳实践，助力中国“获得电力”指标跻身国际先进行列。

## 积极改善电力营商环境

持续深化“三零”“三省”服务，积极精简办电手续、压减办电环节、压缩办电时间，全力提升办电服务效率。全面推行超前主动服务，贯通政务平台，超前获取项目信息，提前启动报装服务程序，加快推动接电进程。大力实施居民“刷脸办电”、企业“一证办电”等便捷办电方式，持续拓展“一网通办”服务，通过“网上国网”推行业务线上办、网上办、指尖办。

## 持续优化供电服务

建设现代服务体系，95598 客户服务满意度持续保持行业领先水平。依托 95598、“网上国网”等平台做好信息公开，主动回应客户关切。建成世界规模最大的用电信息采集系统，实现智能电能表全覆盖。深化配电自动化应用，提升城乡供电可靠率。实现发达地区与落后地区优质服务全覆盖，为偏远农村与城市提供均等化服务。

**案例**

### 国网上海市电力公司创新实施“FREE”办电模式，让“电等客户”

国网上海市电力公司将优化营商环境工作纳入“一把手”工程，按照国际最高标准、最好水平，创新推出“FREE”（Free 省钱，Rapid 省时，Easy 省事，Excellent 卓越）办电服务新模式，形成了具有上海特色的“FREE”办电服务品牌；以“电等客户”模式全面提升客户满意度和获得感，上海“获得电力”改革举措入选了国务院 28 项优化营商环境典型做法。在国家发展改革委国内营商环境评价中，上海名列全国第二；仅高压客户接入“零投资”一项措施已累计为大中型企业节约办电成本约 140 亿元；世界银行“获得电力”指标排名从 98 位跃升至 12 位，成功打造“获得电力”的国际新标杆。

**案例**

### 合同服务“云签约”，接电服务更迅速

为提升办电便利度，国网江西省电力有限公司南昌供电分公司大力推行合同“云签约”服务。居民可在“网上国网”App 线上申请安装低压电表，工作人员将在两小时内接单，网格服务客户经理现场勘查确定方案，通过“网上国网”App 线上调取低压供用电合同，现场直接和客户确认、签订合同，提交、推送回营销系统进行存档后，再进行后续装表送电环节。同样，高压客户也可通过“网上国网”App 查看由营销系统推送的《高压供用电合同》文件，自由选择合同上传方式或调用电子签章方式完成合同签订。“云签约”线上签订合同，减少了往返打印环节，助力低压一次办结、高压办电更省力。

**2021 年**

落实国家能源局安排，推广“三零”“三省”服务城市达

**264** 个

节省客户办电投资

**385** 亿元

**2022 年**

公司各单位“获得电力”在地方营商环境排名中均名列前茅

**2022 年**

公司经营区 160 千瓦及以下小微企业“三零”服务覆盖率

**100**%

**2020 — 2022 年**

“三零”“三省”服务帮助用户节省投资累计超过

**1000** 亿元

特高压廊坊站夜景

2022 年

“网上国网”注册客户数达

**2.6** 亿

线上办电率达到

**96.5** %

国网移动应用平台全面升级，日活跃用户超

**33** 万人

2022 年

实现企业“一证办电”、居民“刷脸办电”的省公司达

**27** 家

2022 年

办电服务业务接入国家政务服务平台

坚持以人民为中心

# 惠民生暖民心 倾情回馈社会

公司积极参与社会公益事业，开展助学、助老、助残等社会救助活动，实施重大自然灾害救助，彰显央企责任担当。聚焦“服务乡村振兴、服务能源绿色低碳发展、扶危济困、奉献爱心”四大主题，实施“四大工程”，开展十四项行动，打造公益品牌。

国网浙江省电力有限公司开化县供电公司在开化县实验小学开展安全知识进校园公益活动

## 开展社会公益捐赠

面对自然灾害、急难险重，发挥国家电网公益基金会资金募集和调配功能，向四川省慈善联合总会捐赠5000 万元支持四川泸定抗震救灾各项工作。与 11 家单位共同出资设立中国弘扬延安精神基金会。在西藏措勤、青海玛多、湖北“三县一区”等对口支援和定点帮扶地区实施捐赠项目，支持当地巩固脱贫成果和推进乡村振兴。

## 实施公益品牌项目

坚持品牌化引领，联合 27 家省公司和多家直属单位全面推进“电力爱心教室”“电力爱心超市”公益品牌项目，组织志愿服务活动 400 余次，参与的志愿者队伍 342 支，活动时长 2000 小时，公司公益品牌影响力显著提升。

案例

### 十分有爱　奉献社会

国网河南省电力公司濮阳供电公司成立“十分有爱”职工文化工作室，致力于乡村儿童阅读推广和儿童图书馆建设。倡议电力员工和社会各界爱心人士“每天一毛钱 奉献十分爱”，募集到的款项全部用于为河南贫困地区留守儿童建设“十分有爱”童书馆。

国网陕西省电力有限公司打造“小桔灯”公益品牌项目，从“阳光助残”“爱心助学”“循环利用”多个维度为贫弱人群带来帮助，为弱势人群点亮爱的“小桔灯”。

案例

## 电力爱心超市

国家电网公司发挥国家电网公益基金会慈善组织平台作用，依托国网数科公司电子商务业务优势，联动各省电力公司、基层政府，着眼帮扶村民实际需要和困难，以建设实体电力爱心超市为载体、积分兑换生产生活物资为抓手、国家电网消费帮扶平台“慧农帮”App为工具，通过积分管理（扶制）、思想引领（扶志）、技能提升（扶技）、评估监督（扶质）“四大行动”，变“钱物送上门”为“劳动能挣钱”，促进村集体事务从“要我参与”转变为“我要参与”，激发乡村内生动力，实现应急帮扶与长效造血融合发展，打造“裕农、惠农、富农”的乡村公益新模式。截至2023年8月，27家省级电力公司及1家直属单位在其定点帮扶村捐资建设标准化电力爱心超市370个，实现国家电网公司经营范围全覆盖。电力爱心超市由国家电网公益基金会统一授牌，精选、上架物资超1200余种，配送物资近2.52万单次；激励村民参与5大类30余种文化育农活动；创造公益岗位413个，受益村民19.6万户、近68.1万人；成为国家电网公司服务乡村振兴、促进乡村文明、为群众办实事的重要举措。

案例

## 电力爱心教室

“电力爱心教室”在国网北京、安徽、湖南、陕西、重庆、河南电力探索实践的基础上，由国家电网公益基金会联合公司各单位，与教育领域公益组织合作，以改善中小学生、困境儿童的教育环境、补充教育资源为目的，调研校园或社区需求，对符合受益条件的学习空间实施照明改造，并探索开展校舍环境改善、清洁用能改造活动。同时依托“电力爱心教室”平台开展用电安全、红色教育、传统文化、阅读推广、素质拓展等进校园志愿服务活动。自2021年起至2023年9月，该项目陆续在福建、北京、山东、浙江、宁夏、甘肃、江西、湖南、河南、安徽、新疆、天津、重庆、四川、内蒙古、西藏、山西17个省份的44个学校或社区学习空间实施了光源环境改造及特色化校园公共设施升级，累计安装护眼灯5176个，改善室内光源环境面积总计33763.1平方米，开展用电安全、红色教育、素质拓展课堂等志愿服务活动百余次，受益学生超过15000人次，以实际行动为孩子们奉献光明、点亮梦想，成为具有国网特色的教育公益品牌。

国网浙江省电力有限公司员工在35千伏云岗线进行综合检修

# 坚持普惠包容

电力作为基本公共服务，具有公平性、普惠性和公共性的天然特征。国家电网有限公司作为全球最大的公用事业企业，在促进发展的广泛性及共同繁荣方面发挥着重要作用。公司发挥经营区域优势，全面深入助力乡村振兴，服务区域协调发展，推动共同富裕；积极参与全球发展事业，弥合全球发展鸿沟，共创普惠平衡、协调包容、合作共赢、共同繁荣的发展格局。

国网重庆市电力公司长寿供电分公司员工在长寿区晏家工业园区 35 千伏观锦线的施工现场冒着高温作业，保障园区用电

# 电力先行 助力国内均衡发展

坚持普惠包容

公司始终胸怀“国之大者”，健全基本公共服务体系，扎实推进共同富裕，推动巩固拓展脱贫攻坚成果同乡村振兴有效衔接。积极服务区域协调发展战略，提升区域供电保障能力与供电服务水平。

## 促进共同富裕

发挥国有经济在促进共同富裕中的功能和作用，对接新时代促进共同富裕的内涵要求，大力推动援疆援藏工作，加快电网高质量发展，保障经济社会可靠供电。加大艰苦边远地区就业支持和人才培养力度，促进地区间交往交流交融，着力增强帮扶地区内生发展动力。

## 助力乡村振兴

不断夯实乡村振兴电力基础，实施农网巩固提升工程，推动电网智能化转型发展。推进乡村电气化水平提升，促进农村能源高效利用。提升农村供电服务水平，创新农村供电服务模式。扎实做好定点帮扶工作，全力服务乡村“五个振兴”，助力建设宜居宜业和美乡村。

## 促进区域协调发展

促进东西部协调发展，全力支撑中部地区高质量发展，推动电源合理布局，加快主网架建设，提高电网资源配置能力。紧密对接京津冀协同发展、长江经济带、长三角一体化、东北振兴、成渝地区双城经济圈等国家区域发展战略，当好电力先行官，提供高质量供电保障。

**案例**

### 智慧电力赋能乡村振兴

国网山西省电力公司临汾供电公司以“智慧电力赋能乡村振兴”为主旨，从汾西县段村入手，引入屋顶光伏、微型储能等综合用能项目助力村民减支创收。建设规模化养殖项目，将牛羊棚顶规划为集中式光伏，预计每户每年可增收 5765 元，同步实施全电厨房、充电桩、储能电站等“绿能”设施建设，不仅解决了山区村落不通气、暖导致的用能问题，还可通过储能响应调峰调频收益，进一步为村民创收。建设村级“源网荷储”智能微网，积极探索新型电力系统微网建设模板，率先打造农业现代化及数字乡村建设示范村标杆样板，以智慧电力适应人民美好生活的追求，让绿色电力成为撬动农村发展的有力杠杆，以绿能为乡村“减碳”，实现区域多元化能源融合发展。

案例

**农村实用电工培训，真帮实扶解决就业难题**

国网甘肃省电力公司联合省乡村振兴局、省应急管理局，建成全省农村实用电工培训示范基地，面向全省农村开展高压电工特种作业取证培训，给技能“充电”，让就业“来电”，积极帮助广大农村居民最大限度实现“家门口”就业。截至 2023 年 7 月，已举办两期培训，来自全省各地的 78 名村民参培，68 名经培训考核合格，顺利取得高压电工特种作业证。充分发挥属地供电企业职能，加强与电力施工企业沟通合作，内外并举，广泛推介，实现所有取证人员 100% 推荐就业，年收入平均 5 万元每人。通过农村实用电工技能培训，让参培人员掌握一技之长，提高就业能力、拓宽了就业渠道，促进农民增收。

**2022 年**

在新疆、西藏和涉藏州县完成固定资产投资

**307** 亿元

**2022 年**

组织 **265** 名年轻骨干和技术管理人才开展援疆援藏帮扶

在西藏先后建成 **4** 条“电力天路”，实现了西藏电网发展历史性跨越

开工川渝联网特高压交流工程

在青海实现连续 **35** 天全省 **100**% 清洁能源供电

在新疆建成覆盖全疆所有地州市的 750 千伏电网

充分发挥疆电外送通道作用，累计外送疆电突破

**6000** 亿千瓦时

电力线路贯穿于青海门源县美丽的大地上

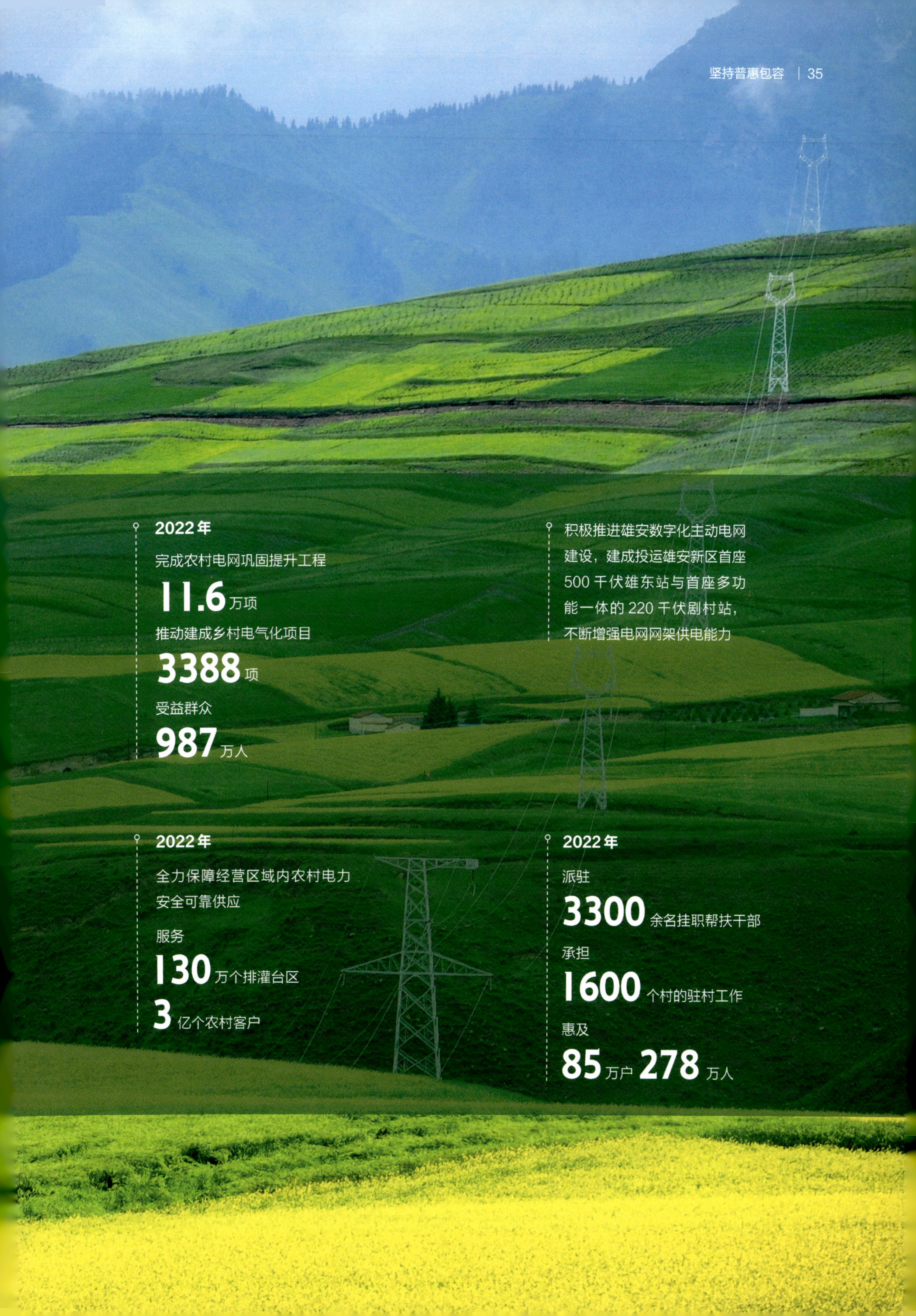

**2022年**

完成农村电网巩固提升工程

**11.6** 万项

推动建成乡村电气化项目

**3388** 项

受益群众

**987** 万人

积极推进雄安数字化主动电网建设，建成投运雄安新区首座500千伏雄东站与首座多功能一体的220千伏剧村站，不断增强电网网架供电能力

**2022年**

全力保障经营区域内农村电力安全可靠供应

服务

**130** 万个排灌台区

**3** 亿个农村客户

**2022年**

派驻

**3300** 余名挂职帮扶干部

承担

**1600** 个村的驻村工作

惠及

**85** 万户 **278** 万人

# 成果共享
# 推动国际发展协同



公司积极践行人类命运共同体理念，坚持义利兼顾，履行企业社会责任，始终秉持“共商、共建、共享”理念，提升电网运行水平，保障项目所在国家和地区稳定供电。帮扶地方社区，推广脱贫攻坚的中国智慧、中国方案，为全球减贫事业贡献力量。

公司服务“一带一路”建设，促进设施联通、民心相通

## 承建国际电网项目

承建发展中国家和地区的骨干能源网络，有效解决电力“供血不足”问题，促进当地经济社会发展及电力能源合理利用。持续深化国际产能合作，境外工程承包和装备出口累计合同额超过 500 亿美元。输出先进技术和人才，助力电力工业进步和能源产业链升级。

## 助力国际减贫脱贫

通过实施光伏扶贫、建设地方工厂等针对性的帮扶项目，引导当地贫困社区居民走上脱贫致富的道路。为当地群众提供工作岗位和技术培训，增强减贫的内生动力和可持续性。

**案例**

### 授人以渔：国家电网巴西美丽山项目中国式扶贫实践

国网巴西控股公司在巴西美丽山二期±800千伏直流特高压项目建设和运维过程中，深入项目线路经过的贫困社区，开展实际调查和研究，根据中国国内扶贫经验，因地制宜地实施打井取水、“疟疾控制行动计划（PACM）”措施，提供692套医疗器械和设备，培训99名疾控地方专员，助力解决当地卫生健康问题；助建果汁加工生产厂房，开展技术培训，铺就产业扶贫致富道路；建立奎隆宝拉文化纪念馆，保留集体历史文化遗产，提升社区文化自信；更新改造10所学校，改善教育环境，助力当地走出发展困境。

**案例**

### 音乐改变命运——贫民窟里的交响乐

国网巴西控股公司自2011年起与位于里约热内卢贫民窟的马累乐团签署了资助协议。2019年，最初只有24人的乐团已拥有4000名学生和44位专业老师，超过6000名孩子接受过马累乐团的音乐教育，其中32人成为专业的音乐老师，5人考入了大学音乐专业继续深造。贫民窟的孩子们通过在乐团的学习和演出看到了不一样的人生，并且一步步地改变自己和家人的命运。在公司的资助下，马累乐团的影响力不断扩大，获得政府、媒体以及巴西社会各界的高度评价，成为里约热内卢乃至巴西的一张名片。

中埃产能合作首个签约项目——埃及国家电网升级改造一期项目，是埃及最大的输电工程，全面增强埃及国家电网整体网架结构安全性。

国网巴电CPFL公司连续**3**年帮助当地**300**家公立医院进行节能改造

惠及**150**万患者

成功获评“联合国可持续发展优秀案例”

马累乐团为2019年足球世界俱乐部杯决赛录制视频

巴基斯坦默拉直流输电项目采用中国自主知识产权的±660千伏直流输电技术，推动巴基斯坦实现骨干电网跨越升级，进入大型交直流混合电网的新时代。截至2022年底，累计输送电量超**172**亿千瓦时，项目建设期间为当地提供超过**7000**个工作岗位，累计在换流站所在两省植树超过**5**万棵，2022年获评巴基斯坦国家环境与健康论坛（NFEH）第十四届企业社会责任峰会"年度最佳社会责任奖"。

在境外实施的菲律宾"光明乡村"企业社会责任公益项目采用光伏发电和储能装置，为菲律宾边远无电地区的千余无电原住民带来了光明；在巴西美丽山特高压输电项目沿线通过投资建设果汁加工厂等有针对性的帮扶项目，引导当地贫困社区居民走上脱贫致富的道路。**6**个"小而美"项目获得联合国"全球减贫最佳案例"。

# 坚持创新驱动

科技创新是人类社会发展的重要引擎，是应对全球性挑战的有力武器。作为科技主力军、创新排头兵，国家电网公司始终把创新摆在关系战略全局的核心位置，深入实施创新驱动发展战略，聚焦科技自立自强，充分发挥企业创新主体作用，凝聚产业链上下游创新合力，全力推进科技攻关，不断攻克能源转型发展中面临的技术难题，加快突破“卡脖子”技术，积极贡献国网智慧和力量。

国网河北省电力有限公司营销服务中心智能用电指挥平台工作人员通过“3+2”保障体系远程监测防汛、高考等重点用户用电情况

# 发挥带动力 强化核心技术攻关

公司持续加大研发投入和科技攻关力度，加快推动科技创新成果转化，不断增强科技创新策划力、带动力，为实现高水平科技自立自强提供重要支撑。

## 攻关核心技术

积极推动国家级实验室建设，全力开展前沿技术研发。聚焦先发优势的关键核心技术和基础前沿技术，提高投入效能，加大攻关力度。大力实施新型电力系统科技攻关行动计划，连续攻克特高压输电、柔性直流输电、大电网安全控制、特高压套管、新能源并网消纳等关键核心技术。稳步推进设备侧物联网建设，推动设备管理数字化转型和智能化升级。

## 推动科技成果转化

围绕综合能源服务、储能等业务，加强技术集成与产品研制，打造整体解决方案。聚焦能源电商、电动汽车服务等业务，深化互联网新技术融合应用，创新商业模式，改善用户体验。具有自主知识产权的特高压套管实现规模化应用，新一代调度技术支持系统正式运行，4500 伏绝缘栅双极型晶体管（IGBT）产品研发成功。

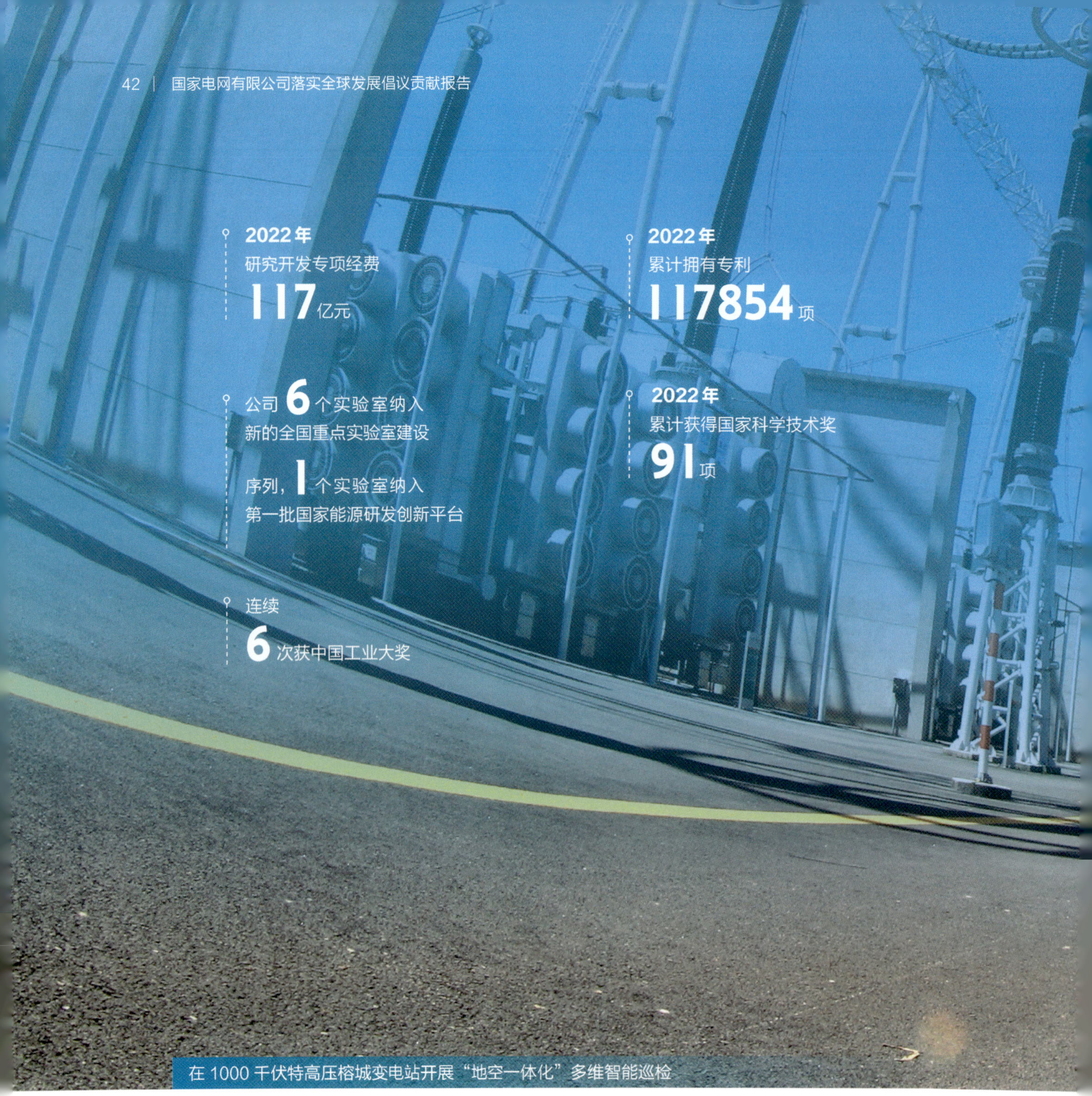

2022 年
研究开发专项经费
**117** 亿元

2022 年
累计拥有专利
**117854** 项

公司 **6** 个实验室纳入新的全国重点实验室建设序列，**1** 个实验室纳入第一批国家能源研发创新平台

2022 年
累计获得国家科学技术奖
**91** 项

连续
**6** 次获中国工业大奖

在 1000 千伏特高压榕城变电站开展“地空一体化”多维智能巡检

**案例**

### 35 千伏公里级超导电缆工程建成投运

2021 年 12 月 22 日，35 千伏公里级超导电缆示范工程在上海建成投运。利用超导材料的超导特性，使电力传输介质接近于零电阻，电能传输损耗趋近于零，从而实现低电压等级的大容量输电。这项距离长、输送容量大、接头数量多的全商业化运行的 35 千伏超导电缆输电工程，核心技术国产化率达 100%，标志着中国在超导电缆工程化应用领域掌握了核心技术，整体技术水平迈入全球领先行列。

2022 年
主导编制国家和行业标准
**470** 项

2022 年
获第 23 届中国专利奖
**6** 项

2022 年
获得中国电力科学
技术奖一等奖 **11** 项
获得国际 QC 小组活动金奖
**35** 项

**案例**

### 人工智能配网带电作业机器人，降低作业人员劳动强度和安全风险

为缓解配网带电作业劳动强度大、安全风险高等问题，国网天津市电力公司滨海供电分公司联合科研院所、科技公司等，成立以“时代楷模”张黎明为带头人、覆盖多个专业领域的攻坚团队，攻克了精准定位、自主规划、智能控制等关键技术，创新研制出人工智能配网带电作业机器人，在天津滨海新区建立产业化基地，牵头立项配网带电作业机器人领域首个 IEEE 国际标准。配网带电作业机器人系列成果被院士专家团队鉴定为国际领先水平，多次亮相世界智能大会、世界职业技术教育发展大会、大国工匠创新交流大会等高水平国际大会，在全国 21 个省级行政区推广应用，累计代替人工作业超 4.2 万次，大大降低了作业人员的劳动强度和安全风险。

# 提升整合力 激发创新创造活力

公司不断健全科技创新体系，优化配置创新资源。充分用好新型电力系统技术创新联盟、创新联合体等平台，推动创新链产业链融合发展，促进产业链上下游通力合作。打通了从人才强、科技强到产业强的通道，有效激发创新活力和发展动力。

## 完善科技创新体系

创新建立中国电科院院士和国网首席专家制度，深入实施高端人才引领、电力工匠塑造、青年人才托举“人才培养三大工程”和学术聘任、津补贴、创新科研支持“人才激励三项制度”。在科研单位全面实施股权和分红激励，推行“揭榜挂帅”“赛马制”、项目总师、容错纠错等科技攻关机制，培育更多“大家”“大师”“大工匠”和青年骨干创新人才，激发创新创业的内生动力。

## 开展联合创新

携手清华大学、西安交通大学等 6 所高校成立创新联合体，充分发挥新型举国体制优势，围绕新型电力系统重大技术需求，开展联合攻关、标准制定、经验交流和成果共享。

国网江苏省电力有限公司计量中心员工利用智能穿戴设备检测电能表

案例

## 深耕换流阀技术和设备研制应用 实现高端电力装备"中国创造"到"中国引领"

2023 年7 月6 日，习近平总书记在南瑞集团考察，勉励年轻研发人员要立志高远、脚踏实地，一步一步往前走，以十年磨一剑的韧劲，以"一辈子办成一件事"的执着，攻关高精尖技术，成就有价值的人生。

南瑞集团坚持科技自立自强，专业致力于换流阀技术研究、设备研制与应用，率先掌握了被誉为高压/ 特高压直流工程心脏的换流阀等技术，是中国第一个、世界上第三个具备完全自主知识产权的特高压直流换流阀的企业，打破了跨国公司 40 余年的垄断地位，相继通过了中国电力企业联合会、国家能源局和 KEMA 鉴定认证，成为响当当的拳头产品。±800 千伏特高压直流输电换流阀关键技术及应用项目2015 年获国家电网公司科学技术进步特等奖，2016 年获国家技术发明二等奖。A5000 型特高压直流换流阀模型作为国家电网公司代表展品，列入了中国共产党历史展览馆永久收藏。目前已成功应用于锦屏—苏南、酒泉—湖南、白鹤滩—浙江、巴西美丽山水电送出二期工程等17 条国内外特高压直流输电工程，不断突破着特高压直流换流阀的新极限，实现了高端电力装备"中国创造"到"中国引领"。

雅湖特高压鄱阳湖换流站极 Ⅰ 低端阀塔电极检查

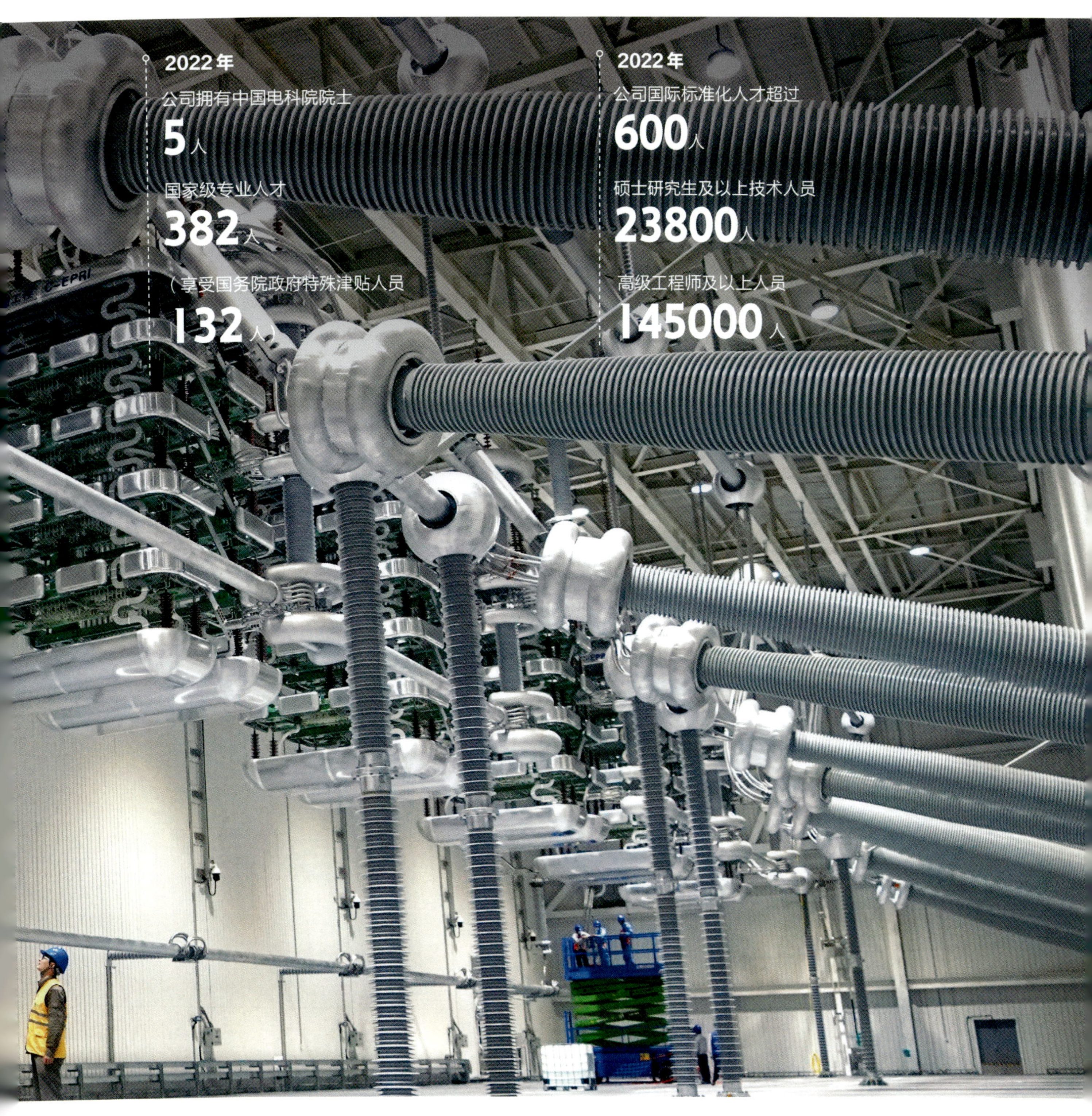
2022年
公司拥有中国电科院院士
5人
国家级专业人才
382人
（享受国务院政府特殊津贴人员
132人）
2022年
公司国际标准化人才超过
600人
硕士研究生及以上技术人员
23800人
高级工程师及以上人员
145000人

# 坚持人与自然和谐共生

国家电网公司积极推动能源革命，努力争当能源清洁低碳转型的推动者、先行者、引领者，加快推动形成绿色发展方式和生活方式，助力保护生物多样性，积极应对气候变化，共同守护人类地球家园，推动实现“更加强劲、绿色、健康的全球发展”。

天山南麓的 750 千伏输电线路，服务南疆经济高质量发展

# 服务能源转型

坚持人与自然和谐共生

公司坚持“清洁低碳是方向、能源保供是基础、能源安全是关键、能源独立是根本、能源创新是动力、节能提效要助力”的核心原则，推动能源结构从以化石能源为主向以清洁能源为主转变，推动“源随荷动”向“源网荷储”多元智能互动转变，推动形成绿色低碳生产生活方式。

## 推动新能源高质量发展

积极服务新能源发展，促进新能源大规模并网、大范围配置和高比例消纳。深化电网发展格局研究，优化沙漠戈壁荒漠大型风电光伏基地、藏东南清洁能源基地开发外送方案，优化完善新能源云功能，推动构建新型能源数字经济平台，高质量建成全国碳排放监测分析服务平台。

**2022 年**

完成绿电交易

**152** 亿千瓦时

完成绿证交易

**145** 万张

### 公司发布首份中央企业绿色低碳发展报告

2022 年 11 月 9 日，公司在联合国气候变化大会中国角相关活动上发布绿色低碳发展报告，获世界经济论坛创始人施瓦布高度赞誉；国务院国资委发函肯定公司发布首份中央企业绿色低碳发展报告，彰显了负责任的良好社会形象；中国工业经济联合会致信祝贺报告受到与会各国代表和全球各大媒体广泛关注和好评。

**截至 2022 年底**

中国清洁能源发电装机规模占比

**49.6**%

发电量占比

**36.2**%

风电、光伏发电新增装机容量连续三年突破

**1** 亿千瓦

## 支持抽水蓄能和新型储能建设

随着“双碳”目标的提出，中国储能产业进入快速发展期，成为构建新型电力系统、建设新型能源体系的重要支撑。公司大力支持抽水蓄能和新型储能建设，保障电力系统安全稳定运行，支撑清洁能源大规模发展。

**截至 2022 年底**

公司抽水蓄能电站开发规模达

**7349** 万千瓦

占经营区开发总量

**61** %

在建电站

**33** 座

装机规模

**4543** 万千瓦

在运电站

**27** 座

装机规模

**2806** 万千瓦

辽宁蒲石河抽水蓄能电站上水库

**案例**

### 世界最大的全钒液流储能电站并网发电

2022 年 10 月，世界上最大的全钒液流储能电站——大连液流电池储能调峰电站国家示范项目一期 10 万千瓦储能并网发电，对辽宁加快构建新型电力系统，提升电网平衡调节能力和供电可靠性、保障电网安全运行具有重要意义。为服务储能电站顺利并网，国网辽宁省电力有限公司投资 6.1 亿元，建设 220 千伏送出工程，新建电缆线路 4.2 千米。在满足储能电站并网的同时，打通大连城市核心区第二条输电通道，提升城市核心区供电能力及可靠性。发布《辽宁电网电化学储能并网服务指南》，实现储能并网“节点化、流程化、清单化”。制定《辽宁电网新型储能调度运行管理细则》，确保各类新型储能并网运行和调用有据可依。

**案例**

### 储能集控平台：城市“充电宝”的智慧控制器

如果将储能站比作一个城市的“充电宝”，那么储能集控平台就相当于这个“充电宝”的智慧控制器。2022 年 5 月，国网湖南综合能源服务有限公司储能集控平台正式建成投运。该平台是涵盖电化学储能电站设计优选、运行维护和聚合运营的全寿命周期的智慧管理平台，目前已在湖南全省 6 座电网侧储能电站推广运用。平台通过对湖南区域内 10 座集中式储能电站、11 座分布式储能设备、6100 万颗电池单体、2041 万个测点全要素全时段在线监控，实现储能资源远程聚合控制、储能系统在线诊断、储能运维行为规范和运维质量标准化管理，大幅加强对储能安全和经营的全流程管理。

# 助力节能降碳

坚持人与自然和谐共生

公司积极践行绿色低碳发展理念，实施全面节约战略，全力推动公司碳达峰工作，广泛参与节能降碳行动，携手全社会珍惜能源、节约用电、绿色用能、低碳生活，推动用电更安全、更科学、更高效，形成绿色低碳的生产方式和生活方式，助力经济社会全面绿色转型。

## 推动公司达峰

全面加强公司碳管理，强化重点领域节能降碳，推进自身绿电绿证消费，提升电网绿色建设运维水平，积极参与生态修复、植树造林和环境保护工作，为实现“双碳”目标作出国网贡献。

内蒙古通辽市科尔沁大草原

## 深化电能替代

在工业、建筑、交通、农业农村、居民生活等领域拓展电能替代的深度和广度，引导更多负荷侧资源成为可生产电能的“产消者”，因地制宜推动电能替代，逐步提升终端用能领域的电气化水平，在全社会形成绿色生产生活方式。

推进“两纵一横”岸电工程建设，服务船舶靠港用电需求。

持续提升电动汽车充电服务，牵头建设国家充电设施监测服务平台。

## 提升社会能效

增强绿色低碳创新能力，推广综合能源服务业务，服务工业、建筑、交通等重点领域提高能效，提升全社会综合能效水平，实现电力服务再优化和企业成本再降低。

**案例**

### 港口岸电为长江经济带绿色发展赋能

国网重庆市电力公司促成省级层面岸电建设支持政策出台，运用人机协同电控插拔等新技术、新设备实现不停电作业和系统等电位，提高岸电供电的安全性和可靠性。全国首创“双供电浮趸”方案，解决了江河港口供电离岸距离远和水位落差变化大等因素导致的电缆收放难题。

国网湖北省电力有限公司宜昌供电公司以建设三峡坝区岸电实验区先行探路，着力破解政策、技术、运营三大难题，组建三峡岸电发展联盟，首创六种典型岸电系统，为各种停靠方式的各类船舶提供岸电接入解决方案。成立全国内河沿江首家专业化岸电服务公司，打通岸电上船最后 50 米。积极推动船舶行进纯电化，创新“高压充电、低压补电”技术，保障国内载电量最大的纯电动游轮长江三峡 1 号开启绿色航程。

**案例**

### 电力助力“零碳亚运”

为助力举办“绿色、智能、节俭、文明”的杭州亚运会，深化打造“绿色亚运”标志性成果，国网浙江省电力有限公司实施一系列绿色能源供应行动。通过绿电交易，56 个亚运比赛场馆的赛事用电可实现 100% 绿电供应。已累计交易电量 6.21 亿千瓦时，相当于节约标准煤 76320.9 吨。上岗亚运历史上首批“零碳”工程师，开展绿电供能、节能改造、智慧能源等个性化场馆用能服务，并打造亚运主体育馆节能降碳绿网，协助场馆精准降碳；助力构建亚运绿色“交通圈”，为亚运村配建国内首座新能源汽车大功率无线充电站，建设全国交通枢纽规模最大的充电站。

坚持人与自然和谐共生

# 提升生态系统多样性、稳定性、持续性

公司秉持“保护优先、惠益共享”的原则，将生态优先、绿色发展的理念融入企业发展基因，将生物多样性保护融入电网建设运维各个环节，深入探索电网与不同生态系统的和谐共生之路。

## 保护生态环境

坚持以生态优先、绿色发展为导向，增强生态环境保护意识，健全生态环境保护长效机制，不断创新生态环境保护管理和实践，建成能源配置资源能力最强、全绿电供应时间最长的特大型生态电网，为打赢污染防治攻坚战、推动能源清洁低碳转型作出积极贡献。

骆马湖风景区黎明时分湖边的东方白鹳

## 保护生物多样性

致力于建设环境友好型绿色电网，将生物多样性保护融入电网建设运维各个环节，避免业务运营对动植物栖息地的扰动，为物种多样性、基因多样性创造良好的条件。

案例

**“生命鸟巢”，助推草原生态系统平衡**

国家电网公司发起“生命鸟巢”公益品牌项目，由国家电网公益基金会联合国网四川、蒙东、甘肃、青海、新疆和西藏电力，与生态环境保护领域相关政府部门、社会组织、科研团体合作，聚焦高原草原地区输电线路周围金雕、隼、大鵟等珍稀猛禽保护，助力草原生态系统和谐发展，促进电网与鸟类和谐共生。项目自 2016 年起在青海三江源先行探索实施，经过长期监测、反复论证、充分研究，确定实施在杆塔安全位置搭建人工鸟巢的“鸟一线”共生策略。联合当地保护组织共同研制适合不同区域、不同猛禽的竹制和藤制人工鸟巢，安装在鸟类生存栖息较多的输电线路沿线，并为每个鸟巢标注“门牌号”，以供监测管理，引导鸟类在安全区域筑巢、繁衍生息。

七里海湿地的鸟类

案例

**"候鸟生命线"，共筑候鸟迁徙保护网络**

为促进电网与鸟类和谐共生，国家电网公司以输电线路沿线东方白鹳、朱鹮等珍稀鸟类为主要保护对象，围绕"多方联动、科学研究、技术创新、政策推动、巡护救助、公众宣教"六个维度，建立常态化"鸟一线"双安全巡护机制，制定电网沿线标准化鸟类救助流程，打造覆盖中国 15 个省份、东西部多条候鸟迁徙主要线路的国网"候鸟生命线"公益品牌项目。根据迁徙沿线不同区域的鸟类习性特点，公司积极开展特色化创新举措。

在天津，综合分析鸟类活动区域与电力线路的交叉情况，编制天津全域鸟线分布"三色图"。

在冀北，与动物保护协会等专业机构合作，建立"一塔一户籍"管理制度，安装生态护线爱鸟装置，引导鸟类在铁塔安全区域筑巢栖息。

在江苏，推动建立高邮东方白鹳保护地，协助政府出台中国首个东方白鹳保护地管理办法，推动民间珍稀物种保护地纳入行政管理体系。

在安徽，建成全国首个"护线爱鸟创新工作站"，通过科普知识宣传、伤病鸟类救护、候鸟联合巡护等活动，提升社会公众生态文明意识。

在山东，采取"同塔移巢安置法"、安装绝缘护套、"小红伞防护"、远程监控无干扰保护等措施，为东方白鹳筑巢繁殖提供安全环境。

# 应对气候变化



公司聚焦生产管理实际需求，推出电力气象管理提升行动，强化统一规范管理，加快核心技术攻关，进一步提升电网抵御自然灾害的能力，打造具有国网特色的电力气象服务体系，提升灾害预测针对性、时效性、精准性。

## 构建能够有效抵抗灾害性气候的坚强电网

推动国网覆冰、山火、雷电、舞动、台风、地质灾害监（预）测预警中心及数值预报中心纳入生产管控体系，打造数据管理统一化、服务能力专业化、场景应用定制化、预报信息精准化的电力气象服务体系，进一步提升电网抵御自然灾害的能力。

## 全球气候能源治理

加强全球能源机构、组织的沟通交流，推动全球电网互联互通，推进世界能源清洁低碳转型，积极倡导维护国际多边体系，为应对气候变化、促进绿色发展贡献智慧和力量。

**案例**

### 电力助应急，创新为民生

全球气候变化，极端天气事件频发。国网湖南省电力有限公司防灾减灾中心积极支撑政府应急保障工作，依托国家级防灾创新平台优势，组建青年博士跨学科攻关团队，开展“电力助应急”专项工作。开发灾害预警系统，提前 3 — 7 天预测道路结冰、暴雨、地质灾害等事件影响区域及强度，研

国网内蒙古东部电力有限公司松山区供电分公司安庆中心供电营业所员工冒雨推进抢修工作

判灾害发展趋势，支撑政府部门提前制定应对预案；开发高效防复燃灭火剂，开展直升机灭火，快速反应精准扑救，提升森林防火保障能力。项目开展以来，成功预测二十多轮次道路覆冰、暴雨洪涝、地质灾害等，扑救森林火灾数十起，有力保障社会民生。获批应急管理部（应急部）重点实验室，国家应急管理部部长王祥喜亲临调研并高度评价。

# 坚持行动导向

推动全球发展要坚持行动导向，推进务实合作。国家电网公司在 45 个国家和地区开展国际业务。以实际行动为导向对接重点领域、各国需求、合作机制及各界伙伴，搭建合作交流平台，促进知识分享、能力建设、文化互鉴，共建团结、平等、均衡、普惠的全球发展伙伴关系，推动共建全球发展共同体。

巴西美丽山 ± 800 千伏特高压直流输电工程

坚持行动向导

# 以电赋能
# 加强基础设施“硬联通”

公司建设面向全球的生产经营网络，稳健运营境外资产，有力实现互利互惠合作共赢。将服务共建“一带一路”作为国际化经营发展的核心，助力“一带一路”合作国家能源产业链升级和高质量发展。

## 积极参与“一带一路”电网设施建设

与周边国家开展电网互联互通，累计建成10条跨国输电线路，跨境交易电量超过440亿千瓦时。积极参与境外岛屿互联项目，推动实施菲律宾维萨亚—棉兰老联网项目。

## 稳健运营境外资产

在10个国家和地区成功投资和参与运营13个能源网项目。建设巴西、巴基斯坦、埃及、埃塞俄比亚、波兰等国家级重点骨干电网项目，发挥平台作用为全球能源发展贡献中国力量。

巴西美丽山±800千伏特高压直流输电一期、二期特许权项目保持安全稳定运行，满足里约、圣保罗等核心区域

**2200** 万人口供电需求

累计输送清洁水电电量约

**1800** 亿千瓦时

相当于节省

**6500** 万吨标准煤

减少二氧化碳排放

**1.8** 亿吨

**案例**

### 默拉直流输电工程助力巴基斯坦经济社会文化发展

默蒂亚里—拉合尔（默拉）直流输电项目是由国家电网公司投资建设并运营的巴基斯坦首个高压直流输电项目，也是中巴经济走廊项下首个输变电项目。工程建设运营全部符合环保无异议证明（Non Objection Certificate,NOC），采用的点对点直流输电技术每年可为巴基斯坦节约标准煤190万吨，减少二氧化碳排放500万吨。工程投运以来输送电量持续提升，高峰时占巴基斯坦电网夏季最大负荷的13.3%，在项目受益区域电力供应占比达28.3%，为2317万人口提供稳定、优质电力保障，极大改善巴基斯坦政治经济中心多年的电力短缺问题。

2021年希腊克里特岛联网项目一期顺利建成。该项目成为世界最长交流海缆互联工程，实现了希腊最大岛屿与欧洲大陆电网互联，每年减少二氧化碳排放

**10** 万吨

巴西美丽山±800千伏特高压直流输电项目和希腊克里特岛联网项目荣获第二届“一带一路”能源部长会议“能源国际合作最佳实践奖”

案例

### 建强埃塞绿色电网，助力清洁能源供应

国家电网公司致力于埃塞骨干网建设和配网优化，强化主网结构，完善配网终端，通过国际一流的工程建设经验和技术成果共享推动和支持埃塞工业化进程。公司实施的埃塞复兴大坝水电送出项目是非洲东部地区线路最长、电压等级最高、输送容量最大、最先进的输变电工程，使数千万埃塞及邻国居民用上清洁水电，世界银行等国际组织以及多个非洲国家对该项目给予高度评价。埃塞中低压配网升级改造项目进一步完善了城市电网架构，促进能源输送效率明显提升，城市用电质量显著提高，绿色、清洁、环保理念随着电能输送到埃塞的千家万户。

默蒂亚里—拉合尔±660千伏直流输电工程正式投入商业运营，将巴基斯坦南部的能源送至中部的负荷中心，年输电能力最高可达

**350**亿千瓦时

为当地

**930**万户家庭提供稳定、优质的电能

埃塞俄比亚复兴大坝水电送出 500 千伏输变电工程

坚持行动向导

# 以行聚力
# 推动规则标准“软联通”

公司全面深入参与能源领域双、多边合作，积极参与联合国、世界经济论坛、国际可再生能源署等多边机构和组织，共绘全球能源电力绿色发展美好前景。加大对全球发展合作的资源投入，搭建国际发展知识经验交流平台，推动全球规则标准对接合作，促进知识分享和能力建设。

## 加强国际交流

举办 2022 能源电力转型国际论坛，共享推动能源转型经验，共商应对气候变化挑战之策，共谋全球能源电力绿色发展之路。参与全球能源治理，代表中国企业参与 B20 政策建议报告撰写。

## 推进务实合作

发起成立全球能源互联网发展合作组织，推动构建全球能源互联网，为全球能源清洁低碳转型贡献中国方案。推动国际标准制定，加快制度标准对接，提升标准国际化水平。积极加强技术交流，推动境内外先进技术互学互鉴。

举办 2022 能源电力转型国际论坛

**15** 位各国部长

**14** 位驻华大使

**29** 位国际能源电力企业主要负责人及来自五大洲 60 多个国家和地区的 **700** 多位嘉宾出席，引起强烈反响、获得广泛赞誉

辛保安董事长出席第十一届中德经济技术合作论坛

辛保安董事长参加世界经济论坛全球企业家对话会，与施瓦布主席会谈

国家电网巴西控股公司员工在巴西美丽山二期特高压直流输电线路开展作业

**案例**

### 应对全球气候变化 推动国际多方合作

国网江苏省电力有限公司对标联合国可持续发展目标，联合政府、高校、科研机构、产业集团、石化、交通、运输等各领域利益相关方，形成以全球问题为导向、青年组织力量为主体、产学研通力合作的创新模式。不同于传统安装避雷器等装置的“静态防雷”模式，本项目构建了基于雷电实时跟踪的全局性、主动型的动态防雷体系，

主办驻华使节走进国家电网活动

**85** 个驻华使馆及国际组织驻华代表机构参加，为全方位了解中国践行新发展理念、拓展对话合作机遇提供了重要平台

连续 6 年与西安交通大学、香港理工大学、香港电灯有限公司四方联合举办“一带一路”电力能源高管与专业人才培训班，累计培训各国电力能源领域专业人士超过

**800** 人

在世界上率先建立特高压、智能电网标准体系，在国际电工委员会 (IEC)、国际标准化组织 (ISO)、电气与电子工程师学会 (IEEE) 等国际组织牵头立项国际标准

**185** 项

成功主办“2021 能源转型与革命·电力与天然气”研讨会，

**4** 个国家和地区

**6** 个境外资产公司的高管和专家参会研讨

国网巴电 CPFL 公司员工在检修路灯

主导世界首个“动态防雷”国际标准制定工作，通过国际化的交流合作，为提高全球各行业雷电防护水平作贡献。团队负责人童充当选“联合国可持续发展全球先锋”。

2021 年 9 月，在联合国全球契约青年 SDG 创新者峰会分享创新方案

# 以诚相知 促进文明互鉴"心联通"

公司坚持"市场化、长期化、本土化"经营，积极履行海外社会责任，服务当地经济社会发展，加强境外软实力建设，积极传播公司海外履责形象，推进公司海外形象建设，塑造彰显国家形象的亮丽名片。创新推动中外文化融合，促进中外文化交流，架起中外友谊桥梁，促进民心相通。

## 服务所在国经济、社会发展

积极践行人类命运共同体理念，参与项目所在国家抢险救灾、社区环境改善、海水淡化、文化遗传保护等公益项目，增进当地人民群众福祉。资助平民家庭青少年，推进青年发展计划，培育可持续发展有生力量。积极参与国际防疫合作，关心关爱境外员工。

## 加强跨文化融合

尊重所在国的文化、宗教和习俗，努力融入当地、服务当地，以良好的品牌形象促进民心相通。举办开放日活动，展示中国文化，增进理解，推动世界文明交流互鉴。

国网巴控公司和国网切昆塔公司分别当选"巴西最佳职场"和"智利最佳职场"；国网巴电CPFL公司连续**4**年荣膺"巴西杰出雇主"认证；国网澳洲资产公司入选澳洲最佳工作场所。

2022年6月，举办以"共享一片绿色 共品一道茶香"为主题的国家电网浙江—南美云开放日活动，活动在中国（浙江、北京）、巴西（里约热内卢、坎皮纳斯）、智利（圣地亚哥、瓦尔帕莱索）三国六地同步进行。

菲律宾国家电网公司运营绩效稳步提升，电网安全保障有力，连续**13**年达到监管机构考核激励标准，荣获菲律宾"全球卓越企业奖"。

在沙特部署安装**500**万只中国自主研发制造的智能电表，是全球单次部署规模最大的智能电表项目；执行项目的中电装备公司出色完成任务，获沙特电力公司"优秀合作伙伴奖"，成为获得该奖项的唯一外国企业。

土耳其凡城项目建成央企首个境外标准化医务室，获得国务院国资委在央企中推广相关经验；中电装备公司疫情期间为项目国提供工作岗位约**1.5**万个，培训当地工人超过**5000**名，助力疫情下当地行业和社会稳定。

苦咸水淡化项目现场航拍

**案例**

### 汩汩清泉润人心，苦尽甘来美梦圆

公司在巴西北大河州实施苦咸水淡化项目，针对当地实际条件设计了一套智能供水系统，配置处理能力为 8.4 立方米每小时的集装箱式苦咸水淡化设备，并选择光伏发电方式抵消水处理系统用电，挖建蓄水池对废水进行统一处理，实现了改善民生和践行环保的完美结合。为沿线 3 个社区的 800 多个家庭共计 3000 余人提供每天 80 余吨符合世界卫生标准的纯净饮用水，有效解决了当地居民长期以来的生活用水紧缺难题。

孩子们喝上了干净安全的水

# 展望

在发展的道路上，一个国家都不能少，一个人都不能落下，这是全球发展倡议的朴素愿景，也是联合国倡导的努力目标。中国将进一步加大对全球发展合作的资源投入，同国际社会一道，持续推进全球发展倡议走深走实，为如期实现联合国 2030 年可持续发展目标、推动构建人类命运共同体作出新贡献。

作为全球发展倡议的积极参与者、坚定执行者和有力推动者，国家电网公司将持续贯彻“四个革命、一个合作”能源安全新战略，推动“一体四翼”发展布局落地实施，积极构建新型电力系统，为“时代之问”的中国答案输出国网智慧、提供国网方案。

阿里与藏中电网联网工程的线路走廊

# 编制说明

本报告是国家电网有限公司编制发布的第一份落实全球发展倡议（GDI）贡献报告。我们本着客观、透明和全面的原则，展示落实全球发展倡议理念、实践及成效，总结经验启示，真诚希望与社会各界沟通和交流。

## 报告范围

国家电网有限公司整体。

## 编制依据

- 全球发展倡议；
- 联合国《2030 年可持续发展议程》；
- 全球可持续发展标准委员会《GRI 可持续发展报告标准》（GRI Standards）；
- 国务院国资委《关于中央企业履行社会责任的指导意见》；
- 国务院国资委《关于国有企业更好履行社会责任的指导意见》；
- GB/T 36001—2015《社会责任报告编写指南》；
- 《国家电网公司履行社会责任指南》；
- 中国社会科学院《中国企业社会责任报告指南基础框架（CASS-CSR 4.0）》；
- 中国工业经济联合会《中国工业企业及工业协会社会责任指南》；
- 国际标准化组织 ISO 26000《社会责任指南（2010）》。

## 数据来源

本报告所披露的关键数据来源于国家电网有限公司内部文件和相关统计。本报告中所涉及货币种类及金额，如无特殊说明，均以人民币为计量单位。

## 指代说明

为便于表述，在报告中“国家电网有限公司”也以“国家电网公司”“国家电网”“公司”“我们”表示。报告中涉及的国家电网公司下属公司一般使用简称，如：国网北京电力、国网苏州供电公司、国网兰考县供电公司等。

## 报告形式

本报告以中英双语印刷版和电子版两种形式发布，如需获取电子版报告，请访问国家电网有限公司社会责任网站：

http://www.sgcc.com.cn/html/sgcc/col2022121223/column_2022121223_1.shtml